10分でできて、
誰もが**驚嘆**する

マンネリを 一撃 で解消!

アイデア
ごはん

アイデアごはん研究家
はな

KADOKAWA

はじめに

わが家には娘と息子がいます。息子はとにかく手のかかるタイプ。ワンオペということもあって、料理を作る気力も時間もない日が多々あります。でも、家族には手作りの温かさを味わってほしい。正直、料理があまり好きではなく器用でもない私がイライラすることなく、どうせなら遊びの延長のようにモチベーションを上げて料理をするにはどうしたらいいだろう？ そんなことを考えながら、日々のごはんを作っていました。

あるとき、私が作った料理を、子どもたちが「わ、何これ!?」と目をキラキラさせながら喜んで食べてくれたことがありました。「また作って！」と言われると私も嬉しくなります。食べてくれる人の顔を思い浮かべながらニコニコ料理をしていれば、手の込んだ完璧な料理ではなくても家全体が明るくなると気づいて、インスタグラムでレシピのシェアを開始しました。

特別な材料は使わず、ちょっとのアイデアをプラスするだけで簡単に作れるメニューを紹介すると、「魔法みたい！」「その手があったか！」「おいしかったから、孫に作ってあげたい」「ママ会で出したら反響がよかった」とたくさんのメッセージをいただくようになりました。これまで料理に興味のなかった娘が、私の動画を見ながら一人で料理を作るようにもなりました。

この本が、作る人や食べる人、みんなの楽しい幸せな時間を作るきっかけになれば、こんなに嬉しいことはありません。

はな

contents

2 　はじめに

みんなの 人気 メニュー

8 　TOP 1 ／ 食パンピザ
12 　TOP 2 ／ オム卵焼き
16 　TOP 3 ／ べこたまロール
20 　TOP 4 ／ ツナキムにぎり
24 　TOP 5 ／ 豆腐もち

Chapter 1 メインおかず

27

30 　まるごとベーコンキャベツ
32 　ささみのしそチーズ焼き
34 　鶏もも南蛮
36 　玉ねぎハンバーグ
38 　豚ちくチーズ
40 　厚揚げ照り豚
42 　ワンパン麻婆
44 　オニオンベーコンチーズ
46 　かにふわ焼き
48 　プリプリえび棒
50 　海苔塩ささみ

51	 **サブ** おかず
54	えのきロール
56	マカピザ棒
58	ゆで卵バーガー
60	ズッキーニ寿司
62	うまチキ生春巻き
64	トマたまブリトー
66	サクホク明太ガレ
68	えびおかき
70	かにかまロースト
72	さきいかバター
74	ブロッコピザ
76	ワンハンサラダ
78	アボカドサーモンえびせん

79	**主食** もの
82	楽ロコモコ
84	もちもち折りたたみ寿司
86	パックオム
88	ミラノ風パックドリア
90	ガーリックペッパーライス
92	無水キーマカレー

94	楽ビビンバ
96	ランチョンミートおにたま
98	カルボうどん
100	喫茶店風ナポリタン
102	豚骨風みそラーメン
104	ビビンそうめん
106	ベーコン明太いももち
110	楽キッシュ
112	サクサク香ばしソーセージ棒
114	卵パンの巣
116	カレーパンデラックス
118	てりやきマヨバーガー
120	はちみつバターソフト
122	トマトとチーズのオープンサンド

123 Chapter 4 スイーツ

126	さくさくケーキ
128	プチバナナ
130	クッキークリームケーキ
132	きのこケーキ
134	メロンパン風悪魔トースト
136	食パンエッグタルト
138	かぼちゃパイ
140	魔女ほうき
142	ハートぶどう

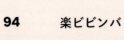

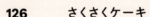

本書の使い方

・ 計量単位は**大さじ1＝15㎖**、**小さじ1＝5㎖** です。

・ レシピには野菜を洗う、皮をむくなどは基本的に表記していませんが、**下処理を行ってから**お使いください。

・ **電子レンジは600Wのもの**、**オーブントースターは1000Wのもの**を使用しています。加熱時間は目安とし、機種に応じて調節してください。

・ **フライパンによって熱の伝わり方が変わる**ため、**レシピの調理時間は目安**とし、調理中の様子を観察しながら調節してください。

・ 本書のタイトルにある「10分でできて」とは、**下ごしらえやオーブンでの焼き時間、漬けこみ時間**などを**除く調理時間**を指します。

デザイン	荻原佐織（PASSAGE）
撮影	市瀬真以
スタイリング	片山愛沙子
構成・取材	山本章子
執筆協力	栄田莉子（エミッシュ）
調理アシスタント	三好弥生
校正	みね工房
編集	仲田恵理子

みんなの人気メニュー

TOP 1

食パンピザ

いつもの食パンとお好みの具材で
クリスピーなピザがあっという間に完成。
四角い頭をマルくして作ってみて！

3つの三角のうち
両端をくるっと返して
3枚分並べると…
あら不思議!

切れているから食べやすい

目からウロコ！ いちばん簡単なピザの作り方

食パンピザ

みんなの人気メニュー
TOP 1

| お弁当に | 朝食向き | ホムパ映え | おつまみ | 子どもと作る |

材料〔2〜3人分〕
食パン（8〜10枚切り）… 3枚

【マヨコーンピザ】（食パン1枚分）
ピザ用チーズ … 15g
A ｜ コーン（ホール）… 40g
　｜ マヨネーズ … 大さじ1
トマトケチャップ … 大さじ1
パセリ（みじん切り）… 適量

（下準備）
・オーブンを200℃に予熱しておく

【マルゲリータ風ピザ】（食パン1枚分）
ベーコン（ハーフ・短冊切り）… ½枚
ソーセージ（輪切り）… ½本
ピザ用チーズ … 15g
枝豆（冷凍）… 4粒
ピザソース（またはトマトケチャップ）
　… 大さじ1
バジルの葉 … 適量

【てりやき風ピザ】（食パン1枚分）
焼き鳥缶（たれ味）… 1缶
ピザ用チーズ … 15g
マヨネーズ … 大さじ1
刻み海苔 … 適量

作り方
1 食パンは、1枚から三角が3つできるように切る。

2 1の食パン3枚分を丸くなるように並べる。

3 具材をのせ、200℃に予熱したオーブンで10分ほど焼く。

マヨコーンピザ
食パン3切れ（1枚分）にトマトケチャップを塗り、ピザ用チーズをのせる。合わせたAをのせてオーブンで焼き、仕上げにパセリを散らす。

マルゲリータ風ピザ
食パン3切れ（1枚分）にピザソースを塗り、ピザ用チーズをのせる。ベーコン、ソーセージ、枝豆をのせ、オーブンで焼く。仕上げにバジルを散らす。

てりやき風ピザ
食パン3切れ（1枚分）に焼き鳥缶のたれを塗り、ピザ用チーズをのせる。焼き鳥をのせてマヨネーズをかけ、オーブンで焼く。仕上げに刻み海苔をかける。

memo
食パンは、なるべくへこみのないものを選ぶと丸に近い形に。形が違うだけなのに、子どもはピザトーストよりよく食べてくれます。

みんなの人気メニュー

TOP 2

オム卵焼き

卵焼き器ひとつで作るオムライス。
くるくると卵をまとったかわいいフォルムは
お箸でも食べやすくお弁当にもぴったり。

見た目がかわいく、食べやすい

オム卵焼き

お弁当に　朝食向き　ホムパ映え　おつまみ　子どもと作る

材料〔2人分〕

卵 … 2〜3個
ロースハム … 3枚
枝豆（冷凍）… 20g
ごはん … 150g
A ｜ トマトケチャップ … 大さじ1
　 ｜ コンソメスープの素（顆粒）
　 ｜ 　… 小さじ½
サラダ油 … 小さじ1
パセリ（みじん切り）… 少々

作り方

1. 卵は溶きほぐす。ハムは1.5cm角に切る。

2. 卵焼き器にサラダ油を入れて中火にかけ、ハム、枝豆、ごはん、Aを加えて2分ほど炒める。

3. 2を卵焼き器全体に平たくならし、奥から2〜3回折りたたんで長方形にする。

4. 3を奥に移動し、手前の空いたスペースに卵液の半分を流し入れ、3といっしょに奥から手前に巻く。これをもう一度繰り返す。

5. 巻き終わりを下にして食べやすい大きさに切り、パセリとトマトケチャップ（分量外）をのせる。

memo

娘から遠足のお弁当にオムライスをリクエストされ、食べやすさと「かわいい」と言ってもらえるビジュアルを目指して生み出したレシピです。

みんなの人気メニュー
TOP 3

べこたまロール

特別な具材は使っていませんが、
サクッ、とろっ、ふわっの三拍子揃った食感と
コロネのようなかわいい形がポイントです。

ひし形に置きます

いつものサンドイッチがキュートに変身
べこたまロール

お弁当に　朝食向き　ホムパ映え　おつまみ　子どもと作る

材料〔2人分〕

食パン（6枚切り）… 2枚
ベーコン（スライス）… 2枚
ゆで卵 … 2個
A
- マヨネーズ … 大さじ2
- 水 … 小さじ2
- 砂糖 … 2つまみ
- 塩、こしょう … 各適量

作り方

1. 食パンは、耳を包丁で切り落とし、めん棒などで中央をのばしてくぼみを作る。ベーコンを横に置き、食パンがひし形になるようにのせる。

2. ボウルにゆで卵を入れてフォークなどで粗くつぶし、Aを加えて和える。

3. 食パンのくぼみに2をのせて包む。オーブントースターで焼き色がつくまで5分ほど焼く。

memo
食パンは厚すぎると巻きにくいので、6〜8枚切りがおすすめです。家にある食材でパン屋さんのような見た目の惣菜パンに。

みんなの人気メニュー

TOP **4**

ツナキムにぎり

ライスペーパーで巻く画期的なおにぎりは
表面を焼くので焼きおにぎりのような香ばしさもプラス。
具だくさんでも食べやすいと好評です。

具がたっぷり入った焼きおにぎり風

ツナキムにぎり

| お弁当に | 朝食向き | ホムパ映え | おつまみ | 子どもと作る |

材料〔3個分〕

ライスペーパー … 3 枚
ツナ缶 (オイル漬け、水煮どちらでも)
　… ½缶 (35g)
アボカド … ½個 (70g)
白菜キムチ … 60g
海苔 (八つ切り) … 3 枚
ごはん … 120g

マヨネーズ … 小さじ 1
A｜白いりごま … 大さじ 1
　｜黒いりごま … 小さじ ½
ごま油 … 適量

作り方

1 アボカドは薄切りにする。ツナ缶は汁けをきり、マヨネーズ
　と和える。

2 湿らせたキッチンペーパーを敷き、水にさっとぬらしたラ
　イスペーパーをざらざらした面を上にして置く。

3 **2**の上に海苔→ごはん→キムチ→**1**のツナ→アボカドの
　順に⅓量ずつのせる。

4 ライスペーパーで中身をきつく包み、全体に合わせた**A**を
　つける。

5 フライパンにごま油を入れて中火にかけ、**4**の両面をカ
　リッとするまで2〜3分ずつ焼く。食べやすい大きさに
　切る。

memo

ライスペーパーは両面をカリカリに焼
き、サイドは焼き目をつけずにもちも
ち感を残します。具材はお好みで！

みんなの人気メニュー
TOP 5

豆腐もち

電子レンジで作る豆腐と片栗粉のおもちは
わらびもちのように、ぷるんとやわらか。
ほぼ豆腐なので、ダイエット中のおやつにも。

ヘルシーな新感覚の和菓子
豆腐もち

| お弁当に | 朝食向き | ホムパ映え | おつまみ | 子どもと作る |

材料〔2人分〕

絹ごし豆腐（充填）… 150g
A ┃ 片栗粉 … 大さじ3
　 ┃ 砂糖 … 大さじ1
B ┃ きな粉 … 大さじ1
　 ┃ 砂糖 … 大さじ½
黒みつ（お好みで）… 適量

作り方

1. 耐熱ボウルに豆腐を入れ、なめらかになるまでよく混ぜる。Aを加えてさらに混ぜる。

2. 1にふんわりとラップをかけ、電子レンジで1分ほど加熱する。

3. 一度とり出してよく混ぜ、ラップをかけてさらに1分ほど加熱する。ラップを外してなめらかになるまでよく混ぜる。

4. 粗熱がとれたらぬらした手で3を食べやすい大きさにちぎる。合わせたBと、お好みで黒みつをかける。

memo
なめらかにしたいので、豆腐はしっかり混ぜます。最初は片栗粉のみで作っていましたが、栄養価を考えて豆腐を入れたらおもちに！

Chapter

1

メイン
おかず

Chapter | 1 メインおかず

ほうっておけばトロトロ蒸し煮が完成

まるごとベーコンキャベツ

| お弁当に | 朝食向き | ホムパ映え | おつまみ | 子どもと作る |

材料〔3～4人分〕

キャベツ（小）… 1個（800～1000g）
ベーコン（スライス）… 4枚
コンソメスープの素（顆粒）… 小さじ4
水 … 500㎖
バター … 10g
塩、こしょう… 各適量
パセリ（みじん切り・お好みで）… 適量

※ 5合炊きの炊飯器を使用。炊飯器の機種に
よって炊飯以外の調理に適さない場合があ
るため、ご使用の炊飯器の取扱説明書をご確認
ください。

作り方

1 キャベツは芯をくりぬき、よく洗ってしっかり
と水けをきる。

2 炊飯釜にコンソメと水を入れ、コンソメを
溶かす。**1**のキャベツを穴のほうを下にして
加え、ベーコンを放射状にのせる。

3 炊飯器で炊飯する。

4 炊き上がったら、食べやすい大きさに切り
分け、バターをのせ、塩、こしょうをふる。仕
上げにお好みでパセリを散らす。

memo

キャベツが大きすぎると蓋が閉ま
らなかったり、焦げつく原因にな
るので、小さめを選んで。1個で
もペロリと食べられます。

味つけひとつで食べごたえたっぷり

ささみのしそチーズ焼き

| お弁当に | 朝食向き | ホムパ映え | おつまみ | 子どもと作る |

材料〔2〜3人分〕

鶏ささみ … 4本（200g）
スライスチーズ … 2枚
大葉 … 8枚
片栗粉 … 大さじ2
すき焼きのたれ … 大さじ2
サラダ油 … 適量

memo

鶏肉の中でも脂肪の少ないささみを使っていますが、こってりした味つけでボリュームたっぷり。たれを入れたら焦げやすいので火加減に注意。

作り方

1. 鶏肉は、気になる場合は筋をとる。スライスチーズは半分に切る。

2. ラップを敷き、その上に鶏肉をのせてさらにラップをかぶせる。ラップの上から、めん棒やグラスの底などで鶏肉をたたき、薄くのばす。

3. 1本につき大葉2枚、チーズ½枚を順に重ね、半分に折るようにして包む。片栗粉をまんべんなくまぶす。

4. フライパンにサラダ油を入れて中火にかけ、**3**を並べて蓋をし、両面を3分ほど焼く。

5. すき焼きのたれを入れて、煮絡める。

Chapter | 1 メインおかず

くるんっ

＼ 粉をまぶして ／

Chapter | 1　メインおかず

揚げずにプリプリ、野菜はシャキシャキ

鶏もも南蛮

お弁当に / 朝食向き / ホムパ映え / **おつまみ** / 子どもと作る

材料〔2〜3人分〕

鶏もも肉 … 2枚 (600g)
玉ねぎ … 1個 (200g)
ピーマン … 1個 (30g)
にんじん … ½本 (100g)
片栗粉 … 大さじ3
塩、こしょう … 各適量

南蛮酢
A ｜ 酢 … 大さじ6
　｜ 砂糖、しょうゆ … 各大さじ4
　｜ 和風だしの素（顆粒）… 小さじ½

サラダ油 … 適量
糸唐辛子（お好みで）… 適量

作り方

1. 大きめのボウルにAを合わせる。

2. 玉ねぎは薄切りに、ピーマンとにんじんはせん切りにし、1と合わせる。

3. 鶏肉は食べやすい大きさ(3cm角)に切り、フライパンに移す。塩、こしょうをし、全体に片栗粉をまぶす。

4. 3にサラダ油を回しかけて中火にかけ、上下を返しながら5分ほど加熱する。全体に火が通ったら、2に加え、30分ほど漬ける。お好みで糸唐辛子をのせる。

焼く！

memo

南蛮漬けは難しいイメージが強いかな？　と思って、肉は揚げず、野菜はゆでずに作れる簡単レシピを考えました。

みじん切りいらずのじゅわトロ玉ねぎが決め手
玉ねぎハンバーグ

`お弁当に` `朝食向き` `ホムパ映え` `おつまみ` `子どもと作る`

材料〔2人分〕

合びき肉 … 200g
玉ねぎ … 1個（200g）
A │ 卵 … 1個
  │ パン粉 … 大さじ5
  │ 塩、こしょう … 各適量
B │ すき焼きのたれ … 大さじ3
  │ バター … 10g
サラダ油 … 適量

作り方

1　玉ねぎは4等分の輪切りにする。

2　ボウルにひき肉を入れ、Aを加えて粘りが出るまでよくこねる。4等分に分けて空気をぬき、円盤形に成形する。

3　1の玉ねぎの片面に片栗粉（分量外）をまぶし、2に押しつけるようにしてのせる。

4　フライパンにサラダ油を入れて中火にかけ、3を肉の面を下にして並べる。蓋をして2〜3分焼き、焼き色がついたらひっくり返す。

5　再度蓋をして弱火にし、8分ほど蒸し焼きにする。

6　全体に火が通ったら、Bを加えてスプーンでたれをかけながら1〜2分煮る。

memo
ハンバーグを作るときに玉ねぎのみじん切りが面倒だったので、厚切りにしたものをのせました。新玉ねぎの時期には、ぜひ新玉ねぎで！

Chapter | 1 　メインおかず

チーズをイン

Chapter | **1　メインおかず**

ごはんもお酒もすすむテッパンの味つけ
豚ちくチーズ

お弁当に ｜ 朝食向き ｜ ホムパ映え ｜ おつまみ ｜ 子どもと作る

材料〔2人分〕

豚ばら薄切り肉 … 4枚（80g）
ちくわ … 4本
チーズ（さけるタイプ） … 1本
大葉 … 8枚
すき焼きのたれ … 大さじ1½

作り方

1　チーズは縦4等分にさく。ちくわは縦に切り込みを入れる。

2　**1**のちくわに、切り込みを入れたところからチーズをはさむ。

3　豚肉を4枚並べ、それぞれ大葉2枚、**2**のちくわの順にのせ、手前からきつく巻く。

4　フライパンに**3**を巻き終わりを下にして並べて中火にかけ、転がしながら3〜4分焼く。全体に火が通ったら、すき焼きのたれを加えて煮絡める。

memo
お肉のかさ増しがしたくて、ちくわに豚ばら肉を巻きつけました。すき焼きのたれとチーズが相性抜群で、お弁当にも大活躍。

厚揚げのぷるんと食感がクセになる

厚揚げ照り豚

お弁当に / 朝食向き / ホムパ映え / おつまみ / 子どもと作る

材料〔2人分〕

豚ばら薄切り肉 … 4枚（80g）
絹厚揚げ … 2枚（300g）
片栗粉 … 大さじ2
すき焼きのたれ … 大さじ2
サラダ油 … 大さじ½
小ねぎ(小口切り・お好みで) … 適量

memo

「ぷるんぷるんでおいしそう！」と、多く声をいただくメニュー。厚揚げの食感とジューシーな豚ばら肉、甘辛のたれがごはんによく合います。

作り方

1. 厚揚げはキッチンペーパーで油をふきとり、1枚を縦に4等分する。豚肉は長さを半分に切る。

2. 1の厚揚げ1切れに豚肉1枚をきつく巻きつけ、片栗粉をまんべんなくまぶす。

3. フライパンにサラダ油を入れて中火にかけ、2の巻き終わりを下にして並べ、転がしながら4〜5分加熱する。

4. 全体に火が通ったら、すき焼きのたれを加えて煮絡める。お好みで小ねぎを散らす。

Chapter | **1 メインおかず**

Chapter | 1　メインおかず

包丁もまな板も使わず作れる
ワンパン麻婆

お弁当に　朝食向き　**ホムパ映え**　**おつまみ**　子どもと作る

材料〔3〜4人分〕

豚ひき肉 … 250g
木綿豆腐 … 1丁（300g）
A｜水 … 150㎖
　｜すき焼きのたれ … 大さじ3
　｜コチュジャン … 小さじ2
　｜おろしにんにく（チューブ） … 3㎝分
　｜塩、こしょう … 各適量
　｜ごま油 … 適量
水溶き片栗粉（片栗粉、水）… 各大さじ1
長ねぎ（小口切り）、ラー油（どちらもお好みで）
　… 各適量

memo
忙しい日でも家にあるものでさっと作れる料理です。ごはんにのせて麻婆丼にしても美味。大人はラー油や山椒をかけるのもおすすめ。

作り方

1 フライパンにひき肉を入れて中火にかけ、3分ほど炒める。

2 ひき肉の色が変わったら、Aを加えて混ぜる。

3 沸騰したら豆腐を加えてへらなどで適当な大きさに切り、豆腐が温まるまで2分ほど加熱し、水溶き片栗粉を加えてとろみをつける。

4 お好みで長ねぎとラー油をかける。

豆腐はまるごとどうぞ

43

並べて焼くだけで玉ねぎトロトロ
オニオンベーコンチーズ

お弁当に　朝食向き　ホムパ映え　おつまみ　子どもと作る

材料〔2人分〕

ベーコン（ハーフ）… 5枚
玉ねぎ … 1個（200g）
ピザ用チーズ … 20〜30g
A│マヨネーズ … 大さじ1
　│みそ … 小さじ1
パセリ（みじん切り）、
　オリーブオイル（どちらもお好みで）
　… 各適量

並べて焼くだけ

作り方

1 玉ねぎは、8等分のくし形切りにする。ベーコンは半分の長さに切る。

2 耐熱容器に1の玉ねぎとベーコンを交互に並べ、合わせたAを全体に塗り広げる。

3 ピザ用チーズをのせ、ふんわりとラップをかけて電子レンジで3分ほど加熱する。ラップを外し、オーブントースターで4分ほど焼く。お好みでパセリとオリーブオイルをかける。

memo
電子レンジとトースターのダブル使いで玉ねぎがトロトロに。新玉ねぎを使うと、より甘さややわらかさが際立ちます。

Chapter | **1 メインおかず**

Chapter | 1　メインおかず

豆腐たっぷりでパクパクいける
かにふわ焼き

お弁当に　朝食向き　ホムパ映え　おつまみ　子どもと作る

材料〔作りやすい分量〕

A
- 豆腐（絹ごし、木綿どちらでも可）… 1丁（300g）
- かに風味かまぼこ（スティック・ほぐす）… 10本（80g）
- 卵 … 1個
- ピザ用チーズ … 50g
- 小ねぎ（小口切り）… 大さじ2（10g）
- 片栗粉 … 大さじ5
- 鶏がらスープの素（顆粒）… 小さじ1

サラダ油 … 大さじ½
ぽん酢しょうゆ（お好みで）… 適量

memo
ポイントが何もないくらい、誰でも簡単に作れます。コーンやひじき、ツナなど家に残っているものでアレンジしても◎。

作り方

1　ボウルにAをすべて入れて混ぜる。

2　フライパンにサラダ油を入れて中火にかけ、1をスプーンで食べやすい大きさにすくって並べる。両面に焼き色がつくまで2〜3分ずつ焼く。お好みでぽん酢しょうゆを添える。

材料を混ぜて…

焼くだけ！

長いもとはんぺんがいい仕事をする
プリプリえび棒

お弁当に / 朝食向き / ホムパ映え / おつまみ / 子どもと作る

材料〔2〜3人分〕

えび（ブラックタイガーなど）
　… 10尾（90〜100g）
はんぺん（大判）… 1枚（110g）
長いも … 200g
A
　┌ コーン（ホール）… 30g
　│ 片栗粉 … 大さじ5
　│ 和風だしの素（顆粒）、しょうゆ … 各小さじ1
　└ 塩 … 小さじ1/3
揚げ油 … 適量
スイートチリソース（お好みで）… 適量

memo

えびのプリプリだけでなく、長いもとはんぺんのふんわり感がポイント。生地がゆるいので、絞り出しにすることで楽チンに。

作り方

1. えびは殻をむいて背ワタをとって塩と片栗粉（ともに分量外）をもみ込み、洗い流す。キッチンペーパーで水けをふき、ぶつ切りにして包丁でたたく。長いもはすりおろす。

2. 厚めのポリ袋にはんぺんを入れ、手でもむようにつぶす。1とAをすべて加えてもむ。

3. フライパンに1cmほど揚げ油を入れて中火にかけ、170℃くらいに温まったら2の袋の先を切って細長く絞り出す。

4. ひっくり返しながら焼き色がつくまで4〜5分揚げ焼きにする。お好みでスイートチリソースをかけてもおいしい。

ワンパンでできて、しっとりやわらか

海苔塩ささみ

お弁当に　朝食向き　ホムパ映え　おつまみ　子どもと作る

材料〔2〜3人分〕

鶏ささみ … 6本 (300g)
A ┃ マヨネーズ … 大さじ3
　 ┃ 鶏がらスープの素（顆粒）… 小さじ2
B ┃ 片栗粉 … 大さじ3
　 ┃ 青海苔 … 大さじ1〜2
サラダ油 … 大さじ1

memo
ポリ袋を使わず、フライパンの上で調味料をもみ込み、片栗粉と青海苔をまぶしてもOK。しっとりおいしく、家族全員大絶賛。

作り方

1　鶏肉はハサミなどで筋を切りとり、厚めのポリ袋に入れる。

2　Aを加えて手でよくもみ込み、Bをまんべんなくまぶす。

3　フライパンにサラダ油を入れて中火にかけ、2を並べて火が通るまで5〜6分焼く。

Chapter 2

サブ
おかず

海苔をつなげて

えのきを巻き巻き

Chapter | **2** サブおかず

見た目は海苔巻き、味は貝柱!?

えのきロール

お弁当に 朝食向き ホムパ映え おつまみ 子どもと作る

材料〔2人分〕

えのきだけ … 1袋（200g）
海苔（全形）… 1枚
卵 … 1個
塩、こしょう … 各適量
小麦粉 … 適量（大さじ1程度）
ごま油 … 適量

たれ

小ねぎ（小口切り）… 2本
白すりごま … 大さじ1
しょうゆ … 大さじ3
酢 … 大さじ2
コチュジャン … 大さじ½
ごま油 … 大さじ½

作り方

1 えのきは石づきを1cmほど切り落とし、穂先を¼ほど切り落とす。海苔は半分に切り、2枚を縦につなげるように1cmほど重ね、水で接着する。卵は溶きほぐし、塩、こしょうを加えて混ぜる。たれの材料をすべて混ぜる。

2 **1**のえのきを水でさっとぬらして海苔の上に置き、きつく巻く。巻き終わりを水で接着する。

3 **2**を1.5〜2cm幅に切り、全体に小麦粉をまぶしてから卵にくぐらせる。

4 フライパンにごま油を入れて中火にかけ、**3**を並べる。弱火にして蓋をし、両面を3分ずつ焼く。たれをつけていただく。

memo

よく食べるえのきをいつもと違う食べ方にしたくて考えました。穂先まで使いたいときは、海苔で穂先のほうをぎゅっと包んで。

Chapter | **2** サブおかず

パーティや行楽にピッタリ！

マカピザ棒

| お弁当に | 朝食向き | ホムパ映え | おつまみ | 子どもと作る |

材料〔4本分〕

ペンネ … 50g
ベーコン（ハーフ）… 4枚
ピザ用チーズ … 40g
ピーマン（細切り）… ¼個
コーン（ホール）… 大さじ1
トマトケチャップ（またはピザソース）… 大さじ4

作り方

1 ペンネは袋の表記時間通りにゆで、ざるにあげて粗熱をとり、串に刺す。ベーコンは3～4等分に切る。

2 フライパンにクッキングシートを敷き（ガスコンロの場合はフライパンからはみ出さないように）、**1**のペンネを並べ、トマトケチャップを塗る。その上にピザ用チーズ、ベーコン、ピーマン、コーンをのせる。

3 **2**のフライパンを中火にかけ、蓋をしてチーズが溶けるまで3分ほど加熱する。

memo

簡単に作れて食べやすいパーティ料理。ピザのようにトッピングはお好みのもので、お子さんと一緒に作ってみてください。

コロンとかわいいフィンガーフード
ゆで卵バーガー

お弁当に / 朝食向き / ホムパ映え / おつまみ / 子どもと作る

材料〔4個分〕

ゆで卵 … 4個
ベーコン（ハーフ）… 2枚
ミニトマト … 1〜2個
グリーンリーフ … 1枚
白いりごま … 適量
A｜マヨネーズ、トマトケチャップ、粒マスタード … 各適量

作り方

1. ゆで卵は縦半分に切る。ミニトマトは4等分の輪切りにする。ベーコンは短冊切りにし、オーブントースターで3〜4分焼く。グリーンリーフは小さめに手でちぎる。

2. ゆで卵の断面にミニトマト、グリーンリーフ、ベーコンをのせる。Aをのせ、ゆで卵のもう半分をかぶせる。いりごまをかけ、つまようじを刺して固定する。

memo
ベーコンはゆで卵からはみ出すくらい大きめに切るとバーガー感が出ます。お誕生会やホームパーティで大人気のメニュー。

Chapter | 2　サブおかず

59

Chapter | 2　サブおかず

酢飯ぬき！　野菜がたっぷりとれる
ズッキーニ寿司

お弁当に　朝食向き　ホムパ映え　おつまみ　子どもと作る

材料〔2〜3人分〕

ズッキーニ … 1〜2本（300g）
スモークサーモン … 35g
クリームチーズ … 50g
アボカド … 1/3個
塩 … 1つまみ
しょうゆ（お好みで）… 適量

memo

生のズッキーニの味が好きで、他の具材も火を使わずたっぷり食べられるものを考えました。薄くスライスしたズッキーニの食感がアクセント。

作り方

1　ズッキーニはピーラーで薄くスライスする。アボカドは縦半分に切り、薄切りにする。

2　ラップを敷き、その上に**1**のズッキーニを5mmぐらいずらしながら並べていく。全体に塩をふって5分ほどおく。しんなりとしたらキッチンペーパーで水けをふきとる。

3　クリームチーズを**2**の手前から半分くらいまで塗り広げる。サーモンとアボカドをのせ、手前からきつく巻く。

4　食べやすい大きさに切り分け、お好みでしょうゆをつけていただく。

ラップで巻いて

キュッと

Chapter | 2　サブおかず

こってリチキンがいい味を出す
うまチキ生春巻き

お弁当に ｜ 朝食向き ｜ ホムパ映え ｜ おつまみ ｜ 子どもと作る

材料〔2～3人分〕

ライスペーパー … 6枚
鶏むね肉 … ½枚 (150g)
きゅうり … 1本 (100g)
赤パプリカ … ½個 (75g)
にんじん … ⅓本 (66g)
グリーンリーフ … 3枚くらい
春雨（乾燥）… 15g
片栗粉 … 大さじ2
A｜焼肉のたれ … 大さじ½
　｜カレー粉 … 適量
サラダ油 … 大さじ1

卵焼き
卵 … 2個
砂糖 … 小さじ1
サラダ油 … 小さじ1

ソース
B｜おろしにんにく（チューブ）… 3cm分
　｜マヨネーズ … 大さじ3
　｜みそ … 大さじ1
　｜ウスターソース（またはお好みソース）
　｜　… 大さじ½
　｜砂糖 … 小さじ½

作り方

1　きゅうり、パプリカ、にんじんは10cm長さのスティック状に切る。鶏肉は小さめのスティック状に切る。春雨は袋の表記通りにゆで、水けをきる。

2　卵焼きを作る。卵は溶きほぐし、砂糖を加えて混ぜる。卵焼き器にサラダ油小さじ1を入れて中火にかけ、卵液を3回ほどに分けて入れ、卵焼きを作る。

3　フライパンに鶏肉を入れ、片栗粉をまんべんなくまぶす。サラダ油大さじ1を回しかけて中火にかけ、5分ほど加熱する。

4　全体に火が通ったら、余分な油をキッチンペーパーでふきとり、Aを加えて炒める。

5　湿らせたキッチンペーパーの上に、水にさっとぬらしたライスペーパーをざらざらした面を上にして置き、1の野菜、卵焼き、鶏肉、春雨、手でちぎったグリーンリーフの順にのせ、手前からきつく折りたたんで包む。

6　合わせたBにつけていただく。

memo

主役級のカラフルな見た目と、しっかり味のチキンが満足度の高いおかず。子どもでも野菜をたくさん食べられるのでビタミンチャージに。

もちもち皮で本格ブリトーの味わいに

トマたまブリトー

お弁当に　朝食向き　ホムパ映え　おつまみ　子どもと作る

材料〔2人分〕

トマト … ½個（75g）
卵 … 2個
ロースハム … 4枚
ピザ用チーズ … 30g
餃子の皮 … 約10枚
トマトケチャップ、マヨネーズ … 各大さじ1
オリーブオイル … 小さじ2

作り方

1　トマトは薄い輪切りにする。卵は溶きほぐす。

2　フライパンにオリーブオイル 小さじ1を入れて弱火にかけ、トマトを並べる。卵を流し入れ、ハム、チーズの順にのせる。その上に餃子の皮を水でさっとぬらしながら並べ、卵に火が通ったらお皿に一度取り出す。

3　フライパンを軽くふき、オリーブオイル小さじ1を入れて中火にかける。2を餃子の皮の面を下にして戻し入れ、焼き色がつくまで2分ほど焼く。トマトケチャップ、マヨネーズを塗って半分（半月の形）に折りたたみ、4等分に切る。

memo
トルティーヤがスーパーマーケットに売っていなかったので身近な餃子の皮でブリトーを作りました。軽いので何枚でも食べられます。

Chapter | **2** サブおかず

重なるように並べて

Chapter | 2　サブおかず

とろろと明太子が好相性！
サクホク明太ガレ

| お弁当に | 朝食向き | ホムパ映え | おつまみ | 子どもと作る |

材料〔2〜3人分〕

長いも … 350g
明太子 … 大きめ½腹（40g）
片栗粉 … 大さじ3
白だし … 大さじ½
サラダ油 … 大さじ½

作り方

1. 長いもはよく洗い、皮のまますりおろす。明太子は薄皮から身を取り出す。

2. ボウルに**1**と片栗粉、白だしを入れてよく混ぜる。

3. フライパンにサラダ油を入れて中火にかけ、**2**を流し込む。へらなどで押さえながら両面を2〜3分焼く。

memo
長いもは皮ごとすりおろすと栄養価が高く、手がかゆくなりにくいです。フライパンに押しつけながらカリカリに焼くのがコツ。

えびの風味とカリもち食感がたまらない
えびおかき

| お弁当に | 朝食向き | **ホムパ映え** | **おつまみ** | 子どもと作る |

Chapter | 2　サブおかず

材料〔2人分〕

ライスペーパー … 3枚
えび（ブラックタイガーなど）… 6尾（60g）
はんぺん … ½枚（50g）
コーン（ホール）… 15g
小ねぎ … 2本
A ｜ 片栗粉 … 大さじ1
　 ｜ 和風だしの素（顆粒）… 小さじ½
揚げ油 … 適量

memo
家族みんなでつまめる、おやつ兼おつまみです。揚げるときは間隔を空けて入れ、くっつかないように注意して。

作り方

1　えびは殻をむいて背ワタをとって塩と片栗粉（ともに分量外）をもみ込み、洗い流す。キッチンペーパーで水けをふき、ぶつ切りにして包丁でたたく。小ねぎは小口切りにする。

2　厚めのポリ袋にはんぺんを入れ、手でもむようにつぶす。**1**とコーン、**A**を加えてよく混ぜる。袋の先端を切る。

3　湿らせたキッチンペーパーの上に、水にさっとぬらしたライスペーパーをざらざらした面を上にして置き、細長く絞り出す。両端を折って細長いロール状に巻き、2cm幅程度に切る。

4　フライパンに深さ1cmほど油を入れて中火にかけ、170℃くらいに温まったら**3**を入れ、転がしながら2〜3分揚げる。

うまみが凝縮したかにかまは、もはやかに超え！

かにかま ロースト

| お弁当に | 朝食向き | ホムパ映え | **おつまみ** | 子どもと作る |

Chapter | 2　サブおかず

材料〔2人分〕

かに風味かまぼこ（フレーク）… 4個（100g）

A ┤ オリーブオイル… 大さじ1
　　おろしにんにく（チューブ）… 3cm分

（下準備）
・オーブンを200℃に予熱しておく

作り方

1　かにかまはクッキングシートではさみ、めん棒でのばして平たくする。

2　合わせたAを1に塗り、200℃に予熱したオーブンで焼き色がつくまで15〜20分ほど焼く。

このひと手間がポイント

memo
このメニューには、にんにく＋オイルが断然おすすめ！　じっくり焼いた香ばしさがたまりません。

材料〔2人分〕

さきいか … 40g
バター … 10g
A│酒、みりん、めんつゆ（2倍濃縮）… 各大さじ1
白いりごま（お好みで）… 適量

作り方

1 フライパンにバターを入れて中火にかけ、さきいかを加えて2分ほど炒める。

2 Aを加え、汁けがなくなるまで炒める。火を止めてフライパンの上で冷まし、手でほぐす。お好みでいりごまをふる。

memo
韓国では映画館で「いかのバター焼き」がポピュラーだと聞いて、家で映画を見ながらつまめるさきいかを使ったフードを思いつきました。

バターを絡めて
背徳の味

Chapter | 2　サブおかず

韓国の定番映画館フードをアレンジ
さきいかバター

| お弁当に | 朝食向き | ホムパ映え | **おつまみ** | 子どもと作る |

Chapter | 2 　サブおかず

低糖質、高たんぱく質でヘルシー
ブロッコピザ

お弁当に　朝食向き　ホムパ映え　おつまみ　子どもと作る

材料〔2〜3人分〕

ブロッコリー … 小1個 (200g)
卵 … 2個
ミニトマト … 3個
コンソメスープの素（顆粒）… 小さじ1
トマトソース（またはトマトケチャップ）… 大さじ2
ピザ用チーズ … 30〜40g
オリーブオイル … 大さじ½

作り方

1. ブロッコリーはみじん切りにし、ミニトマトは半分に切る。

2. ボウルに卵とコンソメを入れてよく混ぜ、ブロッコリーを加えてさらに混ぜる。

3. フライパンにオリーブオイルを入れて中火にかけ、**2**を流し入れて3分ほど焼く。焼き色がついたら裏返し、トマトソース、ピザ用チーズ、ミニトマトを順にのせ、蓋をしてチーズが溶けるまで2〜3分焼く。

memo
お年頃の娘にたんぱく質多めのヘルシーなピザをと思って、粉を使わず、他の野菜に比べて高たんぱくなブロッコリーのピザを考案。

ライスペーパーでくるっと

手軽にたっぷり野菜がとれる

ワンハンサラダ

お弁当に　朝食向き　ホムパ映え　おつまみ　子どもと作る

材料〔2人分〕

ライスペーパー … 2枚
サラダチキン … 50g
ベーコン（ハーフ）… 2枚
グリーンリーフ … 2枚
パンの耳 … 1枚分
粉チーズ … 大さじ1
ドレッシング（シーザーサラダ）… 大さじ1〜2

Chapter | 2　サブおかず

作り方

1. サラダチキンは食べやすい大きさにほぐす。ベーコンは短冊切り、パンの耳は1.5cm角に切りどちらもオーブントースターで2〜3分焼く。

2. 湿らせたキッチンペーパーの上に、水にさっとぬらしたライスペーパーをざらざらした面を上にして2枚が半分重なるように置く。

3. 2の上にグリーンリーフを広げ、サラダチキン、ベーコン、パンの耳、粉チーズをのせ、ドレッシングをかける。

4. ライスペーパーの両端を内側に折りたたみ、手前からきつく巻く。さらにクッキングシートを巻いて両端をねじるように閉じたら、半分に切る。

memo
軽めのランチが食べたいときや、パーティにもおすすめ。今回はシーザーサラダの具材で作りましたが、いろいろなサラダにアレンジできます。

エスニックテイストのオードブルが簡単に

アボカドサーモンえびせん

| お弁当に | 朝食向き | ホムパ映え | おつまみ | 子どもと作る |

材料〔2〜3人分〕

えびせん … 9枚
サーモン(刺身用) … 50g
アボカド … 1/3個
小ねぎ … 適量
A めんつゆ(2倍凝縮) … 大さじ1
　ゆずこしょう（チューブ） … 2cm分

作り方

1　サーモンとアボカドは1.5cm角に切る。小ねぎは小口切りにする。

2　ボウルにAを入れて混ぜ、1を加えて和える。

3　えびせんに2をのせる。

memo
えびせんをクラッカーのように使って、おもてなしやおつまみにぴったりのメニューに。ゆずこしょうとえびせんの風味がよく合います。

Chapter

3

主食
もの

Chapter | **3** 主食もの

卵を落とせば...

ワンパンで完成！

Chapter | 3　主食もの

ひき肉を炒めるだけだから失敗知らず
楽ロコモコ

お弁当に　朝食向き　ホムパ映え　おつまみ　子どもと作る

材料〔2〜3人分〕

合びき肉 … 350g
卵 … 2〜3個（人数分）
ピザ用チーズ … 50g
玉ねぎ … ½個（100g）
温かいごはん … 茶碗2〜3杯分（人数分）
A ┃ トマトケチャップ、ウスターソース
　 ┃ 　… 各大さじ5
　 ┃ コンソメスープの素（顆粒）… 小さじ1
サラダ油 … 大さじ½
パセリ（みじん切り）、マヨネーズ（どちらもお好みで）
　… 各適量
グリーンリーフ、ミニトマト … 各適量

作り方

1　玉ねぎはみじん切りにする。

2　フライパンにサラダ油を入れて中火にかけ、ひき肉と玉ねぎを加えて3〜4分炒める。

3　全体に火が通ったら、Aを加えて炒める。

4　ピザ用チーズをのせて卵を割り入れ、蓋をして卵が半熟になるまで蒸し焼きにする。

5　器にごはんを盛って**4**をのせ、お好みでマヨネーズやパセリをかける。グリーンリーフ、ミニトマトを添える。

memo
ハンバーグを成形する手間がなく、「まだ赤かった」の心配もない簡単レシピ。
面倒な日は、フライパンごと食卓に置いて盛りつけは各自おまかせ。

隠れたライスペーパーがアクセント
もちもち折りたたみ寿司

お弁当に　朝食向き　ホムパ映え　おつまみ　子どもと作る

材料〔2個分〕

ライスペーパー … 2枚
かに風味かまぼこ（スティック）
… 6本
スライスチーズ … 2枚
卵 … 2個
きゅうり … ¼本（25g）
海苔（全形）… 2枚
酢飯（温かいごはん½合に
酢、砂糖各小さじ2と
塩小さじ¼を合わせる）
… ½合分
砂糖 … 小さじ1
マヨネーズ … 適量
サラダ油 … 小さじ1

作り方

1 かにかまは手でほぐし、きゅうりは縦に薄切りにする。

2 卵は溶きほぐし、砂糖を加えて混ぜる。卵焼き器にサラダ油を入れて中火にかけ、卵液を流し入れて薄焼き卵を作る。粗熱がとれたら半分に切る。

3 海苔より大きめにラップを敷き、海苔をのせる。さらに水にさっとぬらしたライスペーパーをざらざらした面を上にして重ねる。

4 右上に**2**の薄焼き卵、左上にスライスチーズときゅうり、左下にかにかまとマヨネーズ、右下に酢飯をそれぞれ半量ずつ置く。

5 海苔の一部（酢飯と薄焼き卵の間）に切り込みを入れ、¼サイズになるよう反時計回りに折りたたむ。

6 ラップでしっかりと包んで、半分に切る。同様にもう1つ作る。

memo
ライスペーパーでもちもち感をプラスした新食感の手巻き寿司。具材をいろいろアレンジして楽しんでください。

Chapter | **3**　主食もの

まぜまぜ

Chapter | 3　主食もの

火も器も使わず電子レンジだけで作れる

パックオム

| お弁当に | 朝食向き | ホムパ映え | おつまみ | 子どもと作る |

材料〔1個分〕

パックごはん … 1個
ロースハム … 1枚
卵 … 1個
スライスチーズ … 1枚

A｜トマトケチャップ … 大さじ1
　｜コンソメスープの素（顆粒）… 小さじ½
トマトケチャップ、パセリ
　（みじん切り・どちらもお好みで）… 各適量

作り方

1　パックごはんの蓋を少し開け、電子レンジで1分ほど加熱する。ハムは食べやすい大きさに切る。

2　1のパックにAを入れて混ぜ、ハムを散らす。

3　中央にくぼみを作り、卵を割り入れて溶く。スライスチーズをちぎり入れ、再度蓋をして電子レンジで2分～2分30秒ほど加熱する。

4　卵が固まり、チーズが溶けたら、お好みでトマトケチャップとパセリをかける。

memo

ローリングストック用の非常食の活用メニューとしてもおすすめ。一人のランチや夜食にちょうどいいお助けレシピです。

87

5分で完成！　究極時短メシ

ミラノ風パックドリア

お弁当に　朝食向き　ホムパ映え　おつまみ　子どもと作る

材料〔2個分〕

パックごはん … 2個（150g×2）
ミートソース … 1パック（130g）
ピザ用チーズ … 30g
A ┃ 牛乳 … 120㎖
　 ┃ バター … 20g
　 ┃ コンソメスープの素（顆粒）… 小さじ1
パセリ（みじん切り・お好みで）… 適量

作り方

1. パックごはんの蓋を少し開け、電子レンジで1分30秒ほど加熱する。

2. 1にAの半量を加えてよく混ぜ、平らにならしてミートソースを半量のせる。

3. ピザ用チーズを半量のせ、再度蓋をして電子レンジで1分30秒ほど加熱する。お好みでパセリを散らす。同様に、もう1つ作る。

牛乳さら〜

トロッ

とうまい！

memo
イタリアンファミリーレストランの味を意識して作ってみました。簡単だけど再現度は高めです！

Chapter | **3**　主食もの

89

Chapter | **3** **主食もの**

がっつり食べたいときのワンパン & ワンプレート

ガーリックペッパーライス

| お弁当に | 朝食向き | **ホムパ映え** | おつまみ | 子どもと作る |

材料〔2〜3人分〕

牛こま切れ肉 … 170g

コーン（ホール） … 70g

ごはん … 1.5 合

A
バター … 10g
焼肉のたれ … 大さじ 6
ガーリックパウダー … 小さじ ½
（またはおろしにんにく（チューブ） … 4㎝分）

ごま油 … 大さじ ½

小ねぎ (小口切り)、粗びき黒こしょう … 各適量

作り方

1 フライパンにごま油を入れて中火にかけ、牛肉を加えて2〜3分炒める。

2 肉を端に寄せ、ごはん、コーン、**A**を加えて炒める。

3 全体に火が通ったら、器に盛り、小ねぎとこしょうをかける。

memo

子どもが大好きなペッパーライスを自宅で再現。フライパンにどんどん材料を加えて混ぜるだけで食べごたえのあるおいしい一品に。

Chapter | 3　主食もの

キャベツが1/4個入って栄養たっぷり
無水キーマカレー

お弁当に　朝食向き　**ホムパ映え**　おつまみ　子どもと作る

材料〔3～4人分〕

合びき肉 … 300g
玉ねぎ … 1個(200g)
にんじん … 1本(200g)
キャベツ … ¼個(375g)
A｜トマト缶(カット) … 1缶(400g)
　｜カレールー … 4かけ(80g)
　｜バター … 10g
温かいごはん … 茶碗3～4杯(人数分)
温泉卵(お好みで) … 3～4個(人数分)
パセリ(みじん切り・お好みで) … 適量

作り方

1 玉ねぎ、にんじん、キャベツをみじん切りにする。

2 フライパンにひき肉を入れて中火にかけ、色が変わるまで炒める。1の野菜とAを入れて蓋をし、弱火で時々かき混ぜながら30分ほど煮る。

3 ごはんを盛った器に2をかける。お好みで温泉卵をのせ、パセリを散らす。

みじん切り器があればラクラク

ぐつぐつ

memo
フライパンに材料をすべて入れ、ぐつぐつ煮込むだけなので簡単。煮込んでいる間は、忘れずに何度かかき混ぜてください。

クッキングシートを味方につける！
楽ビビンバ

`お弁当に` `朝食向き` `ホムパ映え` `おつまみ` `子どもと作る`

材料〔4人分〕

合びき肉 … 300g
卵 … 4個
にら … 50g
にんじん … 1/3本 (65g)
もやし … 1/2袋 (100g)

白菜キムチ … 100g
焼肉のたれ … 大さじ2
A ｜ ごま油 … 大さじ1
　｜ 鶏がらスープの素 … 小さじ1
B ｜ ごはん … 2合
　｜ ごま油 … 大さじ1

作り方

1　にらは4cm長さに切り、にんじんは4cm長さのせん切りにする。

2　フライパンにクッキングシートを敷いて（ガスコンロの場合はフライパンからはみ出さないように）中火にかけ、ひき肉を加えて炒める。肉の色が変わったら焼肉のたれをかける。ひき肉を端に寄せ、**1**ともやしを加えて炒める。

3　野菜に**A**をかけ、野菜がしんなりしたら火を止める。クッキングシートごと取り出す。

4　同じフライパンに**B**を入れて中火にかけ、炒めて平らにする。ごはんの上に**3**を戻し入れ、キムチをのせる。

5　卵を割り入れ、蓋をして卵が半熟になるまで加熱する。

\＼ 洗い物を減らせます ／/

Chapter | **3**　主食もの

memo

クッキングシートを使えば、肉と野菜を炒めたフライパンそのままでごはんを炒められ、おこげもいい感じに作れます。仕上げに韓国海苔をのせても。

ごはんを ギュッ として

ランチョンミートに オン

96

Chapter | 3 　主食もの

甘辛ジューシーな卵巻きおにぎり！
ランチョンミートおにたま

お弁当に　朝食向き　ホムパ映え　おつまみ　子どもと作る

材料〔2人分〕

- ランチョンミート … 100g
- 卵 … 2個
- 海苔（二つ切り） … 1枚
- ごはん … 120g
- すき焼きのたれ … 小さじ1
- トマトケチャップ、マヨネーズ（お好みで）… 各適量
- サラダ油 … 小さじ1
- ごま油 … 小さじ1

memo
沖縄名物ポーク卵おにぎりのオマージュ。ランチョンミートと海苔は、卵焼き器のサイズに合わせて形を調整してください。お弁当にも！

作り方

1. ランチョンミートと海苔は卵焼き器の大きさに合わせて切り、卵は溶きほぐす。
2. 卵焼き器にサラダ油を入れて中火にかけ、ランチョンミートを2分ほど炒める。焼き色がついたらすき焼きのたれを加えて絡め、火を止める。
3. ランチョンミートを卵焼き器の手前に移し、空いたスペースにごはんを入れ、ごま油を加えて混ぜる。
4. ごはんを平らにし、奥から手前に向かって2～3回折りたたみ、ランチョンミートの上にぎゅっと押し固めて卵焼き器の奥に移す。
5. 空いたスペースに卵液の半量を流し入れ、卵液の上に海苔をのせる。
6. 卵が半熟になったら、奥から手前に向かって巻く。これをもう一度繰り返す。
7. 食べやすい大きさに切り分け、お好みでトマトケチャップやマヨネーズをつける。

あとはくるくる

お皿の中でまぜまぜ

Chapter | **3** **主食もの**

お皿ひとつで調理から盛りつけまで！

カルボうどん

| お弁当に | 朝食向き | ホムパ映え | おつまみ | 子どもと作る |

材料〔1人分〕

うどん（冷凍）… 1 玉
ロースハム … 1 枚

A
卵 … 1 個
粉チーズ … 大さじ 2
おろしにんにく（チューブ）… 2cm分
オリーブオイル … 大さじ 1
塩 … 1 つまみ
粗びき黒こしょう … 適量

卵黄 … 1 個分
粉チーズ、パセリ（みじん切り）
　… 各適量

作り方

1　冷凍うどんは、袋の表記時間通りに電子レンジで加熱する。

2　深めの器にAを入れてよく混ぜる。1のうどんを入れ、ハムを手でちぎりながら加えて、さらに混ぜる。卵黄、粉チーズ、パセリをのせる。

memo

夏休みなど長期休暇のお昼ごはん
によく作ります。洗い物はお皿と
お箸だけなのに、子どもも大好き
な味でみんなハッピーに。

Chapter | 3 　主食もの

フライパンに材料をすべて入れて一気に作る
喫茶店風ナポリタン

お弁当に / 朝食向き / **ホムパ映え** / おつまみ / **子どもと作る**

材料〔2人分〕

スパゲッティ … 200g
ソーセージ … 5本
玉ねぎ … ½個（100g）
ピーマン … 2個（60g）
A ｜ 水 … 700㎖
　｜ トマトケチャップ … 大さじ8
　｜ 砂糖 … 大さじ1
　｜ コンソメスープの素（顆粒）… 小さじ½
目玉焼き（お好みで）… 2個
粉チーズ、パセリ（みじん切り）… 各適量

memo
パスタも一緒にワンパンで作れる、どこか懐かしい味のナポリタン。煮るときはパスタがくっつかないように時々混ぜてください。

作り方

1　ソーセージは斜め薄切りに、玉ねぎは薄切りにする。ピーマンは細切りにする。

2　フライパンにスパゲッティを半分に折って入れ、1とAを加えて軽く混ぜ、中火にかける。

3　沸騰したら蓋をし、スパゲッティの袋の表記時間より1分短く加熱する。

4　蓋を外して強火にし、ソースがスパゲッティに絡むまで煮詰める。

5　お好みで目玉焼きをのせ、粉チーズ、パセリを散らす。

豆乳と鶏がらスープで作るコクうまテイスト

豚骨風みそラーメン

| お弁当に | 朝食向き | ホムパ映え | おつまみ | 子どもと作る |

材料〔1人分〕

中華麺 … 1玉

A
- おろしにんにく（チューブ）… 2cm分
- みそ … 大さじ1
- 鶏がらスープの素 … 小さじ1½

B
- 調製豆乳 … 200㎖
- 水 … 100㎖

焼豚、ゆで卵（半分に切る）、長ねぎ（小口切り）
コーン（ホール）、白いりごま（すべてお好みで）
… 各適量

memo

お店のラーメンがどんどん高価になっていくので自宅で再現しました。豆乳と鶏がらスープのコクで、遠くに豚骨を感じるレシピに。

豆乳で豚骨風!?

作り方

1. 中華麺は、たっぷりの湯で袋の表記時間通りにゆで、ざるにあげる。

2. 耐熱の丼にAを入れて混ぜ、Bを加えてさらに混ぜる。ラップをかけずに電子レンジで3分～3分30秒ほど加熱する。

3. 2に1の麺を入れ、お好みの具材をのせる。

Chapter | 3 　主食もの

Chapter | 3　主食もの

そうめんでビビン麺を手軽にアレンジ
ビビンそうめん

お弁当に　朝食向き　ホムパ映え　おつまみ　子どもと作る

材料〔2〜3人分〕

そうめん … 3束(150g)

A｜コチュジャン … 大さじ3
　｜しょうゆ、酢、砂糖、ごま油、白いりごま … 各大さじ1½

ゆで卵(半分に切る)、きゅうり(せん切り)、白菜キムチ、刻み海苔、糸唐辛子、白いりごま(すべてお好みで) … 各適量

作り方

1　そうめんはたっぷりの湯で袋の表記時間通りにゆで、水でしめる。

2　ボウルにAを入れて混ぜ、1のそうめんを加えてよく和える。

3　そうめんを器に盛り、お好みの食材をトッピングする。

麺を調味料とよく和えて

memo
子どもでも食べられる辛さと酸味に仕上げました。焼肉のシメに食べたい本格派は、暑い季節のランチにも最適。

こんがり、ホクホク、もちもちを一品で
ベーコン明太いももち

お弁当に 朝食向き ホムパ映え おつまみ 子どもと作る

材料〔6個分〕

じゃがいも … 3個 (300g)
ベーコン (スライス) … 6 枚
バター … 10g
ピザ用チーズ … 60g
A ｜ 明太子 … ½腹 (30g)
　｜ マヨネーズ … 大さじ 4
B ｜ 片栗粉 … 大さじ 4
　｜ 砂糖 … 小さじ 1
　｜ 塩、こしょう … 各適量

明太マヨ

明太子 … 30g
マヨネーズ … 大さじ 3

パセリ（みじん切り・お好みで）… 適量

memo
ホクホクのじゃがいもとジューシーな
ベーコンの間違いない組み合わせ。

106

Chapter | 3　主食もの

作り方

1. じゃがいもは皮をむいて一口大に切る。鍋にじゃがいもとたっぷりの水を入れて強火にかける。沸騰したら中火に変え、やわらかくなるまで10〜15分ほどゆでたら、ざるにあげて水けをきる。

2. ボウルに1を入れ、熱いうちにバターを加えてマッシャーなどでつぶす。

3. 合わせたAを加えて混ぜ、Bを加えてさらに混ぜる。

4. 3を6等分にし、中にピザ用チーズを入れ、丸く成形する。それぞれにベーコンを巻きつける。

5. フライパンに4の巻き終わりを下にして並べ、中火にかける。全体に焼き色がつくまで3分ほど加熱する。明太子とマヨネーズを合わせた明太マヨをのせ、お好みでパセリを散らす。

Chapter | **3** 主食もの

フィリングを流せば…

焼く前から おいしそう！

109

パイ生地よりリッチ！

Chapter | **3** **主食もの**

パイ生地を使わず簡単リッチなキッシュに！

楽キッシュ

| お弁当に | 朝食向き | ホムパ映え | おつまみ | 子どもと作る |

材料〔18cm円型1台分〕

クロワッサン … 4個
卵 … 3個
ベーコンほうれん草（冷凍）… 130g
（または、ほうれん草 100g、ベーコン 30g）

A
├ ピザ用チーズ … 30g
├ 生クリーム … 150㎖
└ コンソメスープの素（顆粒）… 小さじ1

ピザ用チーズ（お好みで）… 適量

（下準備）
・オーブンを200℃に予熱しておく

作り方

1 クロワッサンは厚さを半分に切る。

2 ボウルに卵を入れてよく混ぜ、Aを加えて
さらに混ぜる。ベーコンほうれん草を加え
て和える。

3 型にクッキングシートを敷き、クロワッサン
を側面、底の順で敷き詰めてぎゅっと押
し固める。

4 3に2のフィリングを流し入れ、上からお
好みでピザ用チーズをかける。

5 200℃に予熱したオーブンで45分ほど焼
く（途中で状態を確認し、焦げそうな場合
はアルミホイルをかぶる）。

memo

クロワッサンは砂糖が多いも
のを使うと焦げてしまうので
避けて。パイ生地より手軽な
のに、サクサクでボリューム
もあるキッシュに。

111

軽いスナック感覚のホットドッグ

サクサク香ばしソーセージ棒

| お弁当に | 朝食向き | ホムパ映え | おつまみ | 子どもと作る |

材料〔6本分〕

冷凍パイシート（18 × 18cm）… 1枚
ロングソーセージ … 3本
粉チーズ … 大さじ1〜2
卵黄 … 1個分
黒いりごま … 適量
トマトケチャップ、粒マスタード
　（どちらもお好みで）… 各適量

（下準備）
・冷凍パイシートを解凍しておく
・オーブンを180℃に予熱しておく

memo

粉チーズをまとわせてソーセージもパイ生地もカリカリに仕上げました。ソーセージもパイ生地も半分の量で済むし、包まなくていいので楽。

Chapter | 3 　主食もの

パイシートをかぶせて

キュッと密着させる

作り方

1　ソーセージは縦半分に切る。解凍したパイシートをめん棒で長方形にのばし、ソーセージを覆える長さにして6等分に切る。

2　天板にクッキングシートを敷き、粉チーズをまんべんなく散らす。1のソーセージを間を空けて並べ、それぞれパイシートをかぶせる。

3　フォークでパイシートの4辺をクッキングシートにくっつけるように押しつける。

4　パイシートの表面に卵黄を塗ってごまをふり、180℃に予熱したオーブンで20分ほど焼く。お好みでトマトケチャップや粒マスタードなどを添える。

とろとろアツアツの卵がごちそう
卵パンの巣

お弁当に　朝食向き　ホムパ映え　おつまみ　子どもと作る

材料〔2個分〕

丸型のテーブルロール（大きめ）… 2個
ロースハム … 1枚
卵 … 2個
ピザ用チーズ … 30g
ミニトマト … 1個
トマトケチャップ… 適量
パセリ（みじん切り・お好みで）… 適量

作り方

1 テーブルロールの真ん中を、卵が入る程度の大きさにくりぬく。くりぬいたスペースを押し固める。ハムは4等分に切る。ミニトマトは半分に切る。

2 くりぬいたところにピザ用チーズと、ハムを半量ずつ入れる。それぞれに卵を割り入れ、ミニトマトをのせる。

3 黄身につまようじで数か所穴をあけ、ラップをかけずに電子レンジで1分〜1分30秒（白身が少し白くなるくらいまで）加熱する。さらにトースターで3分ほど加熱する。トマトケチャップをかけて、お好みでパセリを散らす。

memo

くりぬいたところを押し固めると具が入れやすくなります。くりぬくサイズが小さいと卵があふれるので大きめに。くりぬいたパンはそのまま食べて。

Chapter | **3** 主食もの

ワンランク上のカレーパンの世界へようこそ
カレーパンデラックス

お弁当に　朝食向き　ホムパ映え　おつまみ　子どもと作る

材料〔1個分〕

カレーパン（大きめ）… 1個
卵 … 1個
ピザ用チーズ … 15g
マヨネーズ … 大さじ1
パセリ（みじん切り・お好みで）… 適量

作り方

1. カレーパンの上部を、卵が入る程度の大きさにくりぬく。

2. 1を耐熱容器にのせてピザ用チーズを入れ、卵を割り入れる。卵を囲うようにしてマヨネーズを1周絞り、つまようじで黄身に数か所穴をあける。

3. 2を、ラップをかけずに電子レンジで1分～1分30秒加熱し、オーブントースターでさらに3分ほど加熱する。お好みでパセリを散らす。

パカッ

Chapter | **3** 主食もの

memo
「これがなぜ商品になっていないんだろう？」と思うほどおいしい！　黄身は破裂を防ぐためにつまようじで穴をあけてからレンチンします。

すき焼きのたれを使ってお店の味を再現
てりやきマヨバーガー

お弁当に / 朝食向き / ホムパ映え / おつまみ / 子どもと作る

材料〔4個分〕

豚ひき肉 … 350g
グリーンリーフ … 4枚
ハンバーガー用バンズ … 4個
パン粉 … 大さじ5
塩、こしょう … 各適量
サラダ油 … 大さじ½

てりやきソース
すき焼きのたれ、水 … 各大さじ4
片栗粉 … 小さじ1½

マヨソース
マヨネーズ … 大さじ2
砂糖、レモン汁 … 各小さじ1

作り方

1. ボウルにひき肉とパン粉、塩、こしょうを入れて粘りけが出るまでよくこねる。4等分にして円盤形に成形する。

2. フライパンにサラダ油を入れて中火にかけ、1を並べて3分ほど焼く。焼き色がついたら裏返し、蓋をしてさらに7分ほど焼く。

3. てりやきソースの材料を深めの耐熱容器に入れる。ラップをかけずに電子レンジでとろみがつくまで1分30秒ほど加熱する(とろみが足りなかったら10秒ずつ追加で加熱)。

4. 3のソースに2のハンバーグを絡めてバンズにのせ、グリーンリーフと合わせたマヨソースをはさみ、バンズをかぶせる。

両面こんがり

memo
ファストフード店に行かなくても、おうちであの味が楽しめます。マヨネーズが好きな方はマヨソースを倍量にしてもおいしい。

Chapter | 3 　主食もの

Chapter | 3　主食もの

卵がなくてもしっとりふわふわ
はちみつバターソフト

お弁当に　朝食向き　ホムパ映え　おつまみ　子どもと作る

材料〔1人分〕

食パン（4枚切り） … 1枚
牛乳 … 大さじ4
はちみつ … 大さじ1
バター … 10〜15g
塩 … ごく少々
トッピング用はちみつ（お好みで）
　… 適量

作り方

1 牛乳を耐熱容器に入れ、ラップをかけずに電子レンジで20秒ほど加熱する。はちみつを加えてよく混ぜる。

2 フライパンにバターを入れて中火にかけ、バターが溶けたらパンを入れる。1をまんべんなくかけ、2〜3分焼く。

3 焼き色がついたら裏返し、さらに2〜3分焼く。仕上げに塩をかけ、お好みではちみつをかける。

memo
卵を使わず、漬け込む時間もいらないフレンチトースト。厚切りでふわふわの食パンを選ぶのがおすすめ。仕上げの塩がいい仕事をします。

シンプルだけど味わい深い納得の味
トマトとチーズのオープンサンド

| お弁当に | 朝食向き | ホムパ映え | おつまみ | 子どもと作る |

材料〔2～3人分〕

フランスパン（スライス）… 3枚
ミニトマト … 10個
モッツァレラチーズ … 1個（100g）
A｜寿司酢、オリーブオイル … 各大さじ1
　｜粒マスタード … 小さじ1
B｜おろしにんにく（チューブ）… 3cm分
　｜バター … 10g
　｜オリーブオイル … 大さじ2
バジル、粗びき黒こしょう（どちらもお好みで）
　… 各適量

memo
友だちが家に遊びに来たときに作って出したら、とても喜んでもらえました。トースターで焼いたトマトのとろとろ感が絶妙。

作り方

1 ミニトマトは半分に切り、耐熱容器に入れる。Aを加えて混ぜ、オーブントースターで7分ほど加熱する。

2 フライパンにBを入れて弱火にかける。にんにくの香りが立ったら、パンを並べて両面に焼き色がつくまで焼く。

3 モッツァレラチーズを手でちぎって**2**にのせ、その上に**1**をのせる。お好みでバジルや粗びき黒こしょうをトッピングする。

Chapter

4

スイーツ

Chapter | **4** スイーツ

くるくる

さらに**トースター**へ

125

Chapter | 4　スイーツ

くるくる巻いて焼く新食感スイーツ
さくさくケーキ

お弁当に / 朝食向き / ホムパ映え / おつまみ / 子どもと作る

材料〔作りやすい分量、5～6本分〕

卵 … 1個
牛乳 … 180㎖
ホットケーキミックス … 160g
チョコレートソース、はちみつ、
ホイップクリームなど（すべてお好みで）
　… 各適量

作り方

1. ボウルに卵と牛乳を入れてよく混ぜ、ホットケーキミックスを加えてさらに混ぜる。ドレッシングボトルか厚めのポリ袋に移す。

2. フライパンを弱火にかけ、網目状になるよう生地を絞り入れる。

3. ふつふつとして表面が乾いたら、火を止めて端からロール状に巻く。これを5～6本作る。

4. 3をオーブントースターで3～5分（好みのカリカリ加減になるまで）焼く。お好みでチョコソースやはちみつ、ホイップクリームなどをトッピングする。

memo
たい焼きのしっぽのカリカリが好きで、もっと食べたいなと思って作ったメニューです。生地は全体をつなげるように一筆書きの要領で模様を描いて。

バナナがとろけて、まるでジャム！
プチバナナ

お弁当に / 朝食向き / ホムパ映え / おつまみ / 子どもと作る

材料〔2〜3人分〕

バナナ … 2本
卵 … 1個
牛乳 … 大さじ5
ホットケーキミックス … 100g
バター … 10g
チョコレートソース、はちみつ
　（どちらもお好みで）… 適量

作り方

1　バナナは1〜1.5cm厚の輪切りにする。

2　ボウルに卵と牛乳を入れてよく混ぜ、ホットケーキミックスを加えてさらに混ぜる。

3　フライパンにバターを入れて中火にかける。1のバナナに2をまとわせて並べ入れ、両面を2〜3分焼く。お好みでチョコレートソースやはちみつをかける。

memo
黒くなったバナナを消費するためホットケーキの中に入れたら、ジャムのようにとろけて甘みも増しました。完熟バナナで作るのがおすすめです。

Chapter | **4** スイーツ

Chapter | 4　スイーツ

あのクッキーがホケミで新境地の味わいに
クッキークリームケーキ

お弁当に　朝食向き　ホムパ映え　おつまみ　子どもと作る

材料〔8個分〕

ココアクッキー（クリームサンド）
　… 8枚
卵 … ½個
牛乳 … 大さじ3
ホットケーキミックス … 50g
バター … 10g

新たな境地へ

作り方

1. ボウルに卵と牛乳を入れて混ぜ、ホットケーキミックスを加えてさらに混ぜる。

2. フライパンにバターを入れて中火にかける。ココアクッキーに1をまとわせて並べ、両面2〜3分ずつ焼く。

memo
ココアクッキーをパンケーキにしたらどうなるんだろうと思ってやってみたら、大判焼きやソフトクッキーのようにおいしくなって驚きました。

たこ焼き器できのこを作る!?
きのこケーキ

お弁当に　朝食向き　ホムパ映え　おつまみ　子どもと作る

材料〔12個分〕

ミニソーセージ … 12本
卵 … 1個
牛乳 … 大さじ4
ホットケーキミックス … 80g
サラダ油 … 適量

memo
小さなアメリカンドッグのような甘じょっぱい味わい。ソーセージは細くて小さいものを選ぶときのこの〝軸〟感が出ます。

Chapter | 4 スイーツ

作り方

1 ボウルに卵と牛乳を入れてよく混ぜ、ホットケーキミックスを加えてさらに混ぜる。

2 たこ焼き器に油をひいて熱し、平らな部分にソーセージを置き、焼き色がつくまで焼く。

3 1の生地を流し入れ、蓋をして2〜3分焼く。表面が乾いてきたら2のソーセージを刺す。

4 ある程度生地が固まったら、転がしながら中に火が通るまでさらに2分ほど焼く。

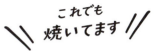

Chapter | 4 スイーツ

あま〜い背徳感を手軽に楽しめる
メロンパン風悪魔トースト

お弁当に　朝食向き　ホムパ映え　おつまみ　子どもと作る

材料〔1枚分〕

食パン(お好きな厚み) … 1枚
バター … 20g
砂糖 … 大さじ1½
小麦粉 … 大さじ3
グラニュー糖(お好みで) … 適量

memo
娘が突然「メロンパンが食べたい！」と言ったときに作ってみました。厚切りを選ぶとサクフワのコントラストがより楽しめます。

作り方

1. 深めの耐熱容器にバターと砂糖を入れ、ラップをかけずに電子レンジで20秒ほど、バターが少し溶けるまで加熱する。バターが溶けない場合は5〜10秒追加で加熱する。

2. 1に小麦粉を加えてよく混ぜ、食パンにまんべんなく塗る。お好みでグラニュー糖をふる。

3. ナイフなどで格子状に模様を作り、オーブントースターで焼き色がつくまで5分ほど焼く。

身近な材料で作れちゃう

いつもの食パンが人気のスイーツに

食パンエッグタルト

| お弁当に | 朝食向き | ホムパ映え | おつまみ | 子どもと作る |

材料〔マフィン型 6 個分〕

食パン（6 枚切り）… 6 枚
A ┃ 牛乳 … 100㎖
　┃ バター … 10g
　┃ 砂糖 … 大さじ 2
卵 … 1 個

（下準備）
・オーブンを 170℃に予熱しておく

memo
簡単なのに本格的なエッグタルトが楽しめます。くりぬいた食パンの残りは、フライパンにバターを溶かし、穴に卵を入れて焼くと朝ごはんに便利！

型抜きしたフチがいい感じ！

作り方

1 食パンはマグカップ（ここでは直径8.5㎝）などで中央を型抜きする。

2 耐熱容器にAを入れ、ラップをかけずに電子レンジで40秒ほど加熱する。

3 砂糖が溶けたら2に卵を加えてよく混ぜ、茶濾しなどで濾す。

4 マフィン型にバター（分量外）を塗り、1のパンを型に押しつけるようにして敷き詰める。

5 3を流し入れる。少し時間をおくとパンがフィリングの水分を吸い込むので、全量入るまで何度かに分けて入れる。170℃に予熱したオーブンで25分ほど焼く。

Chapter | **4** スイーツ

137

Chapter | **4 スイーツ**

型がなくてもおいしいパイが作れちゃう
かぼちゃパイ

お弁当に　朝食向き　ホムパ映え　おつまみ　子どもと作る

材料〔作りやすい分量〕

冷凍パイシート（18×18cm）
　… 1枚
かぼちゃ … 1/4個（正味250g）
A｜卵黄 … 1個分
　｜生クリーム … 大さじ1
　｜砂糖 … 40g
卵黄 … 適量
黒いりごま … 適量

（下準備）
・冷凍パイシートを解凍しておく
・オーブンを200℃に予熱しておく

memo
型を使わないパイを作りたくて考案しました。両サイドはしっかりくっつけて卵黄を塗って焼くと形がキープできます。

作り方

1 かぼちゃは皮をむき、一口大に切る。耐熱容器に入れ、ふんわりとラップをかけて電子レンジで5分ほど加熱する。

2 かぼちゃがやわらかくなったらAを入れ、ペースト状になるまで混ぜる（ミキサーやハンドミキサーを使うとよりなめらかに）。

3 解凍したパイシートをめん棒で薄くのばし、シートの4辺を1.5cmほど空けて**2**を全体にまんべんなく塗る。

4 上下の辺を2cm幅で2回ずつ折りたたみ、リーフ形になるように両端をくっつける。

5 パイに卵黄を塗ってごまをかけ、200℃に予熱したオーブンで15分ほど焼く。

くるっとたたんで

キュッとくっつける

139

ハロウィンや誕生会で子どもが大喜び

魔女ほうき

| お弁当に | 朝食向き | ホムパ映え | おつまみ | 子どもと作る |

材料〔5個分〕

プレッツェル（スティック・塩バター味）
　　… 12〜13本
板チョコ … ⅔枚（30g）
カラースプレー … 適量

作り方

1　耐熱容器に板チョコを細かく割り入れ、電子レンジで2分
　　ほど加熱して溶かす(湯煎で溶かしても◎)。

2　バットなどにクッキングシートを敷き、プレッツェルをほうき
　　の形になるよう、折りながら並べる。

3　**1**を厚めのポリ袋に入れ、袋の先をつまようじで刺して穴を
　　あけ、**2**のほうきの毛にあたる部分にまんべんなくかける。
　　仕上げにカラースプレーをかける。

4　チョコが固まるまで、冷蔵庫で冷やす。

お絵描き
みたい!

memo

プレッツェルの模様（焼き目）
を表面にするとかわいく仕上が
ります。チョコはスティックに
沿って塗ると完成度がアップ。

Chapter | **4** スイーツ

Chapter | 4 スイーツ

ひと手間でキュートなハートに大変身！
ハートぶどう

| お弁当に | 朝食向き | ホムパ映え | おつまみ | 子どもと作る |

材料〔作りやすい分量〕

マスカットなど大粒のぶどう … 適量

片方を
くるっ！

作り方

1. ぶどうを斜め半分に切り、一方をくるっと反転させ、ハートの形になるように串に刺す。

memo
ぶどうは、丸ではなくできるだけ細長いものを選ぶとハートの形に近づきます。ピックに刺してお弁当に入れてもいいですね。

143

はな

アイデアごはん研究家。家にある材料ですぐに作れて、アイデアがとにかく面白い斬新な料理を次々と生み出している。レシピをSNSで発信すると、「初心者でも簡単」「マンネリとは無縁」「子どもが喜んで食べてくれる」といったコメントが寄せられ、たちまち大人気に。現在、SNSの総フォロワー数は72万人超 (2025年1月末時点)。

Instagam：はな【アイデアごはん研究家】@hanadiet8
YouTube：@hana_rakugohann

10分でできて、誰もが驚嘆する
マンネリを一撃で解消！
アイデアごはん

2025年3月19日　初版発行

著者／はな

発行者／山下 直久

発行／株式会社KADOKAWA
　　　〒102-8177　東京都千代田区富士見2-13-3
　　　電話　0570-002-301 (ナビダイヤル)

印刷所／TOPPANクロレ株式会社
製本所／TOPPANクロレ株式会社

本書の無断複製 (コピー、スキャン、デジタル化等) 並びに
無断複製物の譲渡及び配信は、著作権法上での例外を除き禁じられています。
また、本書を代行業者等の第三者に依頼して複製する行為は、
たとえ個人や家庭内での利用であっても一切認められておりません。

●お問い合わせ
https://www.kadokawa.co.jp/ (「お問い合わせ」へお進みください)
※内容によっては、お答えできない場合があります。
※サポートは日本国内のみとさせていただきます。
※Japanese text only

定価はカバーに表示してあります。

©Hana 2025 Printed in Japan
ISBN978-4-04-607406-5 C0077